说明

因为想用简单的中华经典作为孩子的启蒙读物，发现于天没有合意的材料，于是就按照自己的喜好选出50首古诗，40首古词，20篇古文，并选取了一些经典国画作为插图，制作了这样一套《古诗古画50首》、《古词古画40首》和《古文古画20篇》。希望这样一种图文形式能帮助孩子们更好的体会中国古典文化的优美，爱上中国经典诗文和国画艺术。诗歌的选择注释参考了不同的网站，主要有百度百科和古诗文网，特此鸣谢。

这本书面向亲子阅读，也就是需要家长或老师给孩子们作必要的解释说明，所以只对成人不易理解的地方做了注释。这套书有"**注音版**"和"**无注音**"两个版本，均可在所在国的Amazon网站上购买（不含中国大陆地区）。请根据需要选择您需要的版本。

配图的选择，尽可能兼顾图文内容的契合。不过因为不是专门为文字配的图，细节可能有所偏差。只能希望至少意境可以大概吻合。画面根据需要做了不同程度的剪切。希望了解完整画作的朋友请查找原作。画家及画作名称也尽笔者最大可能做了标注。

制作过程一直在美丽的诗歌和国画意境里浸泡，真是一种精神享受。然而笔者能力有限，错误在所难免，恳请大家指正。谢谢。

慢兔

Email: slowrabbit.books@gmail.com

Wechat: littleisknown

目录

陋室铭

刘禹锡（唐）

山不在高，有仙则名；水不在深，有龙则灵。斯是陋室，惟吾德馨。苔痕上阶绿，草色入帘青。谈笑有鸿儒，往来无白丁。可以调素琴，阅金经。无丝竹之乱耳，无案牍之劳形。南阳诸葛庐，西蜀子云亭，孔子云："何陋之有？"

明 文徵明《浒溪草堂图》

刘禹锡（772年—842年），字梦得，唐朝文学家、哲学家。

铭：古代刻在器物上用来警戒自己或称颂功德的文字，后来成为一种文体。

调素琴：弹奏不加装饰的琴。

案牍（dú）：官府的公文，文书。

爱莲说

周敦颐（宋）

水陆草木之花，可爱者甚蕃。晋陶渊明独爱菊。自李唐来，世人甚爱牡丹。予独爱莲之出淤泥而不染，濯清涟而不妖，中通外直，不蔓不枝，香远益清，亭亭净植，可远观而不可亵玩焉。

予谓菊，花之隐逸者也；牡丹，花之富贵者也；莲，花之君子者也。噫！菊之爱，陶后鲜有闻；莲之爱，同予者何人？牡丹之爱，宜乎众矣。

清 唐艾《荷花图》

周敦颐（1017年-1073年），字茂叔，谥号元公，宋朝儒家理学的开山鼻祖，文学家·、哲学家。

蕃：多。甚爱：一作盛爱。

予（yú）：我。

濯（zhuó）：洗涤。

清涟（lián）：水清而有微波。

蔓：名词动用，生枝蔓。

亵（xiè）：亲近而不庄重。

春夜宴从弟桃花园序

李白（唐）

　　夫天地者，万物之逆旅也；光阴者，百代之过客也。而浮生若梦，为欢几何？古人秉烛夜游，良有以也。况阳春召我以烟景，大块假我以文章。会桃花之芳园，序天伦之乐事。群季俊秀，皆为惠连；吾人咏歌，独惭康乐。幽赏未已，高谈转清。开琼筵以坐花，飞羽觞而醉月。不有佳咏，何伸雅怀？如诗不成，罚依金谷酒数。

相逢幸遇佳時節
月下花前且把盃

宋 马远《月下把杯图》

李白（701年－762年），字太白，号青莲居士，又号"谪仙人"，是唐代伟大的浪漫主义诗人，被后人誉为"诗仙"。与杜甫并称"大李杜"。

从弟：堂弟。逆旅：客舍。群季：各位弟弟。

琼筵（yán）：华美的宴席。羽觞（shāng）：古代一种鸟雀状酒器。

金谷酒数：古代金谷园的规矩，如果宴会中的某人写不出诗，罚酒三觞。

岳阳楼记 (节选)

范仲淹（宋）

嗟夫！予尝求古仁人之心，或异二者之为。何哉？不以物喜，不以己悲；居庙堂之高则忧其民；处江湖之远则忧其君。是进亦忧，退亦忧。然则何时而乐耶？其必曰："先天下之忧而忧，后天下之乐而乐"乎。噫！微斯人，吾谁与归？

明 沈周《两江名胜图》

范仲淹（989年—1052年），字希文，谥号文正，北宋名臣，政治家，文学家。

嗟（jiē）夫：唉。两字皆为语气词。

尝：曾经。

庙堂：指朝廷。

微：没有。

答谢中书书

陶弘景 (南朝·梁)

山川之美，古来共谈。高峰入云，清流见底。两岸石壁，五色交辉。青林翠竹，四时俱备。晓雾将歇，猿鸟乱鸣；夕日欲颓，沉鳞竞跃，实是欲界之仙都，自康乐以来，未复有能与其奇者。

明 仇英《蓬莱仙境》

陶弘景（456—536年），字通明，南朝梁时医药家、炼丹家、文学家，人称"山中宰相"。

谢中书：即谢微（一说谢徵），曾任中书鸿胪。颓：坠落。

沉鳞：潜游在水中的鱼。康乐：指南朝著名山水诗人谢灵运，被封康乐公。

与（yù）：参与，这里有欣赏领略之意。

生于忧患，死于安乐

（节选自《孟子·告子下》）

孟子（战国）

故天将降大任于是人也，必先苦其心志，劳其筋骨，饿其体肤，空乏其身，行拂乱其所为，所以动心忍性，曾益其所不能。

人恒过然后能改，困于心衡于虑而后作，征于色发于声而后喻。入则无法家拂士，出则无敌国外患者，国恒亡。

然后知生于忧患，而死于安乐也。

明 唐寅 《桃花庵诗图》

孟子(约前372年-前289年)，名轲，战国时期思想家、教育家，儒家学派的代表人物，与孔子并称"孔孟"。

拂（fú）：违背。乱：错乱。拂乱都是使动用法。

曾：同"增"，增加。衡：同"横"，指不顺。征，征兆。色：面色。

喻：知晓，明白。拂（bì）士：辅佐君主的贤士。拂，通"弼"，辅佐。拂：同"弼"，辅佐。

逍遥游 (节选)

庄子（战国）

北冥有鱼，其名为鲲。鲲之大，不知其几千里也；化而为鸟，其名为鹏。鹏之背，不知其几千里也；怒而飞，其翼若垂天之云。是鸟也，海运则将徙于南冥，南冥者，天池也。

汤之问棘也是已。穷发之北，有冥海者，天池也。有鱼焉，其广数千里，未有知其修者，其名为鲲。有鸟焉，其名为鹏。背若泰山，翼若垂天之云；抟扶摇羊角而上者九万里，绝云气，负青天，然后图南且适南冥也。斥鷃笑之曰："彼且奚适也！我腾跃而上，不过数仞而下，翱翔蓬蒿之间，此亦飞之至也。而彼且奚适也。"此小大之辩也。

清 梅清《敬亭山水》

庄子（约前369年～前286年），名周，战国时期著名的思想家、哲学家和文学家。道家学派的主要代表，与老子并称"老庄"。

逍遥游：闲适自得、无拘无束的样子。北冥：北海，海水深黑。鲲（kūn）：本义小鱼。在此被借用指大鱼。汤：商朝的建立者。棘：人名，传为商汤的大夫。穷发：草木不生的地方。抟（tuán）：盘旋上升。羊角：像羚羊角的旋风。绝：超越。斥鷃（yàn）：池泽中的一种小鸟。蓬蒿（péng hāo）：蓬木蒿草。至：极致。

舍生取义

（节选自《孟子·告子下》）

孟子（战国）

　　鱼，我所欲也，熊掌，亦我所欲也，二者不可得兼，舍鱼而取熊掌者也。生，亦我所欲也，义，亦我所欲也，二者不可得兼，舍生而取义者也。生亦我所欲，所欲有甚于生者，故不为苟得也。死亦我所恶，所恶有甚于死者，故患有所不避也。如使人之所欲莫甚于生，则凡可以得生者何不用也？使人之所恶莫甚于死者，则凡可以避患者何不为也？由是则生而有不用也，由是则可以避患而有不为也。是故所欲有甚于生者，所恶有甚于死者。非独贤者有是心也，人皆有之，贤者能勿丧耳。

清 朱耷《荷花小鸟图》

孟子(约前372年-前289年)，名轲，战国时期思想家、教育家，儒家学派的代表人物，与孔子并称"孔孟"。

得兼：都得到。甚：胜于。

苟得：苟且取得。

辟：通"避"，躲避。

是故：这是因为。

16

劝学 （节选）

荀子（战国）

吾尝终日而思矣，不如须臾之所学也；吾尝跂而望矣，不如登高之博见也。登高而招，臂非加长也，而见者远。顺风而呼，声非加疾也，而闻者彰。假舆马者，非利足也，而致千里；假舟楫者，非能水也，而绝江河。君子生非异也，善假于物也。

积土成山，风雨兴焉；积水成渊，蛟龙生焉；积善成德，而神明自得，圣心备焉。故不积跬步，无以至千里；不积小流，无以成江海。骐骥一跃，不能十步；驽马十驾，功在不舍。锲而舍之，朽木不折；锲而不舍，金石可镂。蚓无爪牙之利，筋骨之强，上食埃土，下饮黄泉，用心一也。蟹六跪而二螯，非蛇蟺之穴无可寄托者，用心躁也。

宋 苏汉臣《冬庭婴戏图》

荀子（约前313～前238），名况，战国后期思想家、文学家、政治家。

须臾(yú)：片刻，一会儿。跂（qǐ）：踮起脚后跟。疾：声音宏大。彰：明显，清楚。假：凭借。

跬（kuǐ）：古代称跨出一脚为"跬"，跨两脚为"步"。骐骥(qí jì)：骏马。驽马：劣马。

锲(qiè)：用刀雕刻。镂：在金属上雕刻。六跪：六条腿。蟹实际上是八条腿。

螯（áo）：螃蟹的钳子。躁：浮躁，不专心.

18

至小丘西小石潭记（节选）

柳宗元（唐）

　　从小丘西行百二十步，隔篁竹，闻水声，如鸣珮环，心乐之。伐竹取道，下见小潭，水尤清冽。全石以为底，近岸卷石底以出，为坻为屿，为嵁为岩。青树翠蔓，蒙络摇缀，参差披拂。潭中鱼可百许头，皆若空游无所依。日光下澈，影布石上，佁然不动；俶尔远逝；往来翕忽，似与游者相乐。

　　潭西南而望，斗折蛇行，明灭可见。其岸势犬牙差互，不可知其源。坐潭上，四面竹树环合，寂寥无人，凄神寒骨，悄怆幽邃。以其境过清，不可久居，乃记之而去。

清 吕焕成 《山水图》

柳宗元（773年－819年），字子厚，唐代杰出诗人，哲学家，儒学家，政治家，唐宋八大家之一。

篁（huáng）竹：竹林。佩环：玉质装饰物。

坻（chí），屿，嵁（kān），岩：不同地形。坻，水中高地。屿，小岛。嵁，不平的岩石。岩，悬崖。

翠蔓：翠绿的藤蔓。蒙络摇缀，参差披拂：覆盖缠绕，摇动下垂，参差不齐，随风飘动。

佁（yǐ）然：呆呆的样子。俶（chù）：忽然。翕（xī）忽：轻快敏捷。差（cī）互：互相交错。

悄（qiǎo）怆（chuàng）：忧伤的样子。邃（suì）：深。

20

师说 （节选）

韩愈（唐）

　　古之学者必有师。师者，所以传道、受业、解惑也。人非生而知之者，孰能无惑？惑而不从师，其为惑也终不解矣。生乎吾前，其闻道也固先乎吾，吾从而师之；生乎吾后，其闻道也亦先乎吾，吾从而师之。吾师道也，夫庸知其年之先后生于吾乎？是故无贵无贱，无长无少，道之所存，师之所存也。

　　圣人无常师。孔子师郯子、苌弘、师襄、老聃。郯子之徒，其贤不及孔子。孔子曰："三人行，则必有我师。"是故弟子不必不如师，师不必贤于弟子，闻道有先后，术业有专攻，如是而已。

明 仇英《孔子圣绩图》之《退修琴书图》

韩愈（768年—824年），字退之，唐代杰出的文学家、思想家、哲学家、政治家。

庸：难道。常：固定的。郯（tán）子：春秋时郯国国君，传孔子曾向他请教官职。
苌（cháng）弘：东周大夫，传孔子曾向他请教古乐。师襄：春秋时鲁国乐官，传孔子曾向他学琴。
老聃（dān）：老子，李耳，春秋时楚国人，思想家，道家学派创始人。传孔子曾向他学习周礼。
攻：专门研究。

得道多助，失道寡助

（节选自《孟子·公孙丑下》）

孟子（战国）

孟子曰：天时不如地利，地利不如人和。

三里之城，七里之郭，环而攻之而不胜。夫环而攻之，必有得天时者矣，然而不胜者，是天时不如地利也。

城非不高也，池非不深也，兵革非不坚利也，米粟非不多也，委而去之，是地利不如人和也。

故曰，域民不以封疆之界，固国不以山溪之险，威天下不以兵革之利。得道者多助，失道者寡助。寡助之至，亲戚畔之。多助之至，天下顺之。以天下之所顺，攻亲戚之所畔，故君子有不战，战必胜矣。

清 陈卓《石城图》

孟子(约前372年-前289年)，名轲，战国时期思想家、教育家，儒家学派的代表人物，与孔子并称"孔孟"。

郭：外城，城外加筑的城墙。

兵革：泛指武器装备。委：抛弃。

道：正义。畔：通"叛"，背叛。

问说（节选）

刘开（清）

君子之学必好问。问与学，相辅而行者也。非学无以致疑，非问无以广识；好学而不勤问，非真能好学者也。理明矣，而或不达于事；识其大矣，而或不知其细，舍问，其奚决焉？

智者千虑，必有一失。圣人所不知，未必不为愚人之所知也；愚人之所能，未必非圣人之所不能也。理无专在，而学无止境也，然则问可少耶？《周礼》，外朝以询万民，国之政事尚问及庶人，是故贵可以问贱，贤可以问不肖，而老可以问幼，唯道之所成而已矣。

清 王翚《仿唐寅竹溪高逸图》

刘开（1784—1824），字明东，又字方来，清代散文家。

或：可能。达：通晓，通达。舍问：放弃提问。奚：何，怎么。
不屑：不重视，轻视。

送何太虚北游序 <small>(节选)</small>

吴澄（元）

士可以游乎？"不出户，知天下"，何以游为哉！士可以不游乎？男子生而射六矢，示有志乎上下四方也，而何可以不游也？

是行也，交从日以广，历涉日以熟，识日长而志日起。迹圣贤之迹而心其心，必知士之为士，殆不止于研经缀文工诗善书也。闻见将愈多而愈寡，愈有余而愈不足，则天地万物之皆备于我者，真可以不出户而知。是知也，非老氏之知也。如是而游，光前绝后之游矣，余将于是乎观。

明 仇英《浔阳送别图》

吴澄（1249年—1333年），字幼清，晚字伯清，元代理学家、经学家、教育家。

矢：箭

殆（dài）：表肯定，当然。

闻见将愈多而愈寡，愈有余而愈不足：见识知道的越多越知道（自己）的不足。

兰亭集序（节选）

王羲之 （东晋）

　　夫人之相与，俯仰一世。或取诸怀抱，晤言一室之内；或因寄所托，放浪形骸之外。虽趣舍万殊，静躁不同，当其欣于所遇，暂得于己，快然自足，曾不知老之将至。及其所之既倦，情随事迁，感慨系之矣。向之所欣，俯仰之间，已为陈迹，犹不能不以之兴怀。况修短随化，终期于尽。古人云："死生亦大矣！"岂不痛哉！

　　每览昔人兴感之由，若合一契，未尝不临文嗟悼，不能喻之于怀。固知一死生为虚诞，齐彭殇为妄作。后之视今，亦犹今之视昔，悲乎！

宋 佚名《槐荫消夏图》

王羲之（303年—361年），字逸少，东晋著名书法家，有"书圣"之称。

相与：相处、交往。俯仰：表时间短暂。悟：通"晤"，指妙悟之言。
形骸：身体、形体。趣舍：指爱好。万殊：千差万别。
契：古代的一种信物，刻上字后，一分为二，各执一半，以为凭证。
嗟（jiē）悼：叹息哀伤。临，面对。喻：明白。
一死生：把死和生等同起来。齐彭殇：把长寿和短命等同起来。

马说

韩愈（唐）

世有伯乐，然后有千里马。千里马常有，而伯乐不常有，故虽有名马，只辱於奴隶人之手，骈死於槽枥之间，不以千里称也。

马之千里者，一食或尽粟一石。食马者，不知其能千里而食也；是马也，虽有千里之能，食不饱，力不足，才美不外见，且欲与常马等不可得，安求其能千里也？

策之不以其道，食之不能尽其才，鸣之而不能通其意，执策而临之曰："天下无马！"呜呼！其真无马邪？其真不知马也！

宋 李公麟《五马图》

韩愈（768年—824年），字退之，唐代杰出的文学家、思想家、哲学家、政治家，唐宋八大家之一。

伯乐：春秋时人，本名孙阳，擅长相马。现指能够发现人才的人。祇：只是。

骈（pián）：两马并驾。槽：喂牲口用的马槽。枥（lì）：马棚、马厩。

食：文中除"一食"和"食不饱"的"食"念shí，其余的"食"都念sì，通"饲"。

或：有时。尽粟（sù）一石（dàn）：吃尽一石粟。石：计量单位，十斗为一石。

见：同"现"，表露。策：鞭打。邪（yé）：通"耶"，表疑问，"吗"。

朋党论 (节选)

欧阳修（宋）

大凡君子与君子以同道为朋，小人与小人以同利为朋，此自然之理也。

然臣谓小人无朋，惟君子则有之。其故何哉？小人所好者禄利也，所贪者财货也。当其同利之时，暂相党引以为朋者，伪也；及其见利而争先，或利尽而交疏，则反相贼害，虽其兄弟亲戚，不能相保。故臣谓小人无朋，其暂为朋者，伪也。君子则不然。所守者道义，所行者忠信，所惜者名节。以之修身，则同道而相益；以之事国，则同心而共济；终始如一，此君子之朋也。故为人君者，但当退小人之伪朋，用君子之真朋，则天下治矣。

清 金廷标《六贤雅士图》

欧阳修（1007年－1072年），字永叔，号醉翁，北宋政治家、文学家，唐宋八大家"之一。

大凡：大体上。党引：勾结。

之：指代上文的"道义"、"忠信"、"名节"。

济：取得成功。

退：排斥，去除。

英雄之言

罗隐（唐）

物之所以有韬晦者，防乎盗也。故人亦然。夫盗亦人也，冠屦焉，衣服焉。其所以异者，退逊之心、正廉之节，不常其性耳。视玉帛而取之者，则曰牵于寒饿；视家国而取之者，则曰救彼涂炭。牵于寒饿者，无得而言矣。救彼涂炭者，则宜以百姓心为心。而西刘则曰："居宜如是"，楚籍则曰"可取而代"。意彼未必无退逊之心、正廉之节，盖以视其靡曼骄崇，然后生其谋耳。为英雄者犹若是，况常人乎？是以峻宇逸游，不为人所窥者，鲜也。

明 仇英《人物画》

罗隐（833年－909年），字昭谏，唐代诗人。

韬晦：隐藏不露。冠屦（jù）：名词动用，指戴帽穿鞋。

牵于：受制于。涂炭：泥土和火炭，指困苦。西刘：指汉高祖刘邦。

楚籍：西楚霸王项羽。盖：可能是、大概是。窥：窥视，此处指想得到。

后赤壁赋（节选）

苏轼（宋）

于是携酒与鱼，复游于赤壁之下。江流有声，断岸千尺；山高月小，水落石出。曾日月之几何，而江山不可复识矣！

予乃摄衣而上，履巉岩，披蒙茸，踞虎豹，登虬龙，攀栖鹘之危巢，俯冯夷之幽宫。盖二客不能从焉。划然长啸，草木震动，山鸣谷应，风起水涌。予亦悄然而悲，肃然而恐，凛乎其不可留也。反而登舟，放乎中流，听其所止而休焉。

时夜将半，四顾寂寥。适有孤鹤，横江东来。翅如车轮，玄裳缟衣，戛然长鸣，掠予舟而西也。

金 武元直《赤壁图》

苏轼（1037年－1101年），字子瞻，号东坡居士，北宋文学家、书画家、美食家。"唐宋八大家"之一。

摄（shè）衣：提起衣襟．巉（chán）岩：险峻的山崖。蒙茸：杂乱的丛草。

踞（jù）：蹲或坐。虎豹：形似虎豹的山石。鹘（hú）：鹰的一种。

冯夷：水神。玄：黑。缟（gǎo）：白。

归去来兮辞（节选）

陶渊明（东晋）

归去来兮，田园将芜胡不归！既自以心为形役，奚惆怅而独悲？悟已往之不谏，知来者之可追。实迷途其未远，觉今是而昨非。舟遥遥以轻飏，风飘飘而吹衣。问征夫以前路，恨晨光之熹微。

归去来兮，请息交以绝游。世与我而相违，复驾言兮焉求！悦亲戚之情话，乐琴书以消忧。农人告余以春及，将有事于西畴。或命巾车，或棹孤舟。既窈窕以寻壑，亦崎岖而经丘。木欣欣以向荣，泉涓涓而始流。善万物之得时，感吾生之行休。

已矣乎！寓形宇内复几时！曷不委心任去留？胡为乎遑遑欲何之？富贵非吾愿，帝乡不可期。怀良辰以孤往，或植杖而耘耔。登东皋以舒啸，临清流而赋诗。聊乘化以归尽，乐夫天命复奚疑！

清　石涛《陶渊明诗意图册》

陶渊明（352或365年—427年），字元亮，又名潜，东晋末至南朝宋初著名的诗人、辞赋家，中国第一位田园诗人。

胡，奚：同"何"，为什么。役，奴役。谏：劝止。飏（yáng）：飞扬。征夫：此处指行人，不是征兵之人。

熹（xī）微：天未大亮。息交，停止与人交往。有事：指耕种之事，农事。

畴（chóu）：田地。或：有时。巾车：有车帷的小车。棹（zhào）：船桨，名词动用，意为划桨。

窈窕：幽深曲折的样子。壑（hè）：山沟。欣欣，向荣：草木生长茂盛。涓涓：形容细流。

善：欢喜，羡慕。行休，行将结束。遑遑：不安的样子。耘：除草。籽：培苗。皋（gāo）：高地。

Made in the USA
Coppell, TX
15 October 2021